AF222510

Fragen
an
den
Mensch
von
morgen

FSC
www.fsc.org
MIX
Papier aus ver-
antwortungsvollen
Quellen
Paper from
responsible sources
FSC® C105338

Bibliografische Information der Deutschen Nationalbibliothek:
Die Deutsche Nationalbibliothek verzeichnet diese Publikation
in der Deutschen Nationalbibliografie; detaillierte bibliografische
Daten sind im Internet über dnb.dnb.de abrufbar.

Konzept und Text von Sebastian Hamel
Layout und Cover Design von Anika Karoh

Herstellung und Verlag: BoD – Books on Demand, Norderstedt

ISBN: 9783757861759

Umwelt

Technologie

Arbeit

Gesellschaft

Kultur

08

24

46

60

88

Umwelt

Ist die Natur freundlich?

Würden Sie von sich behaupten, dass Sie gut mit Tieren umgehen?

Nehmen wir an,

Sie wären zu Beginn der Industria-
lisierung mit dem Wissen geboren
worden, dass diese Entwicklung der
Natur schaden wird. Hätten Sie die
Menschen trotz der Euphorie über
neue Arbeitsplätze gewarnt oder
hätten Sie Ihr Wissen für sich
behalten und sich bereichert?

Würde es Ihnen Angst machen als Tier auf die Welt zu kommen?

Darf man menschliche Interessen über die Interessen von Tieren stellen?

Sollen Tiere mehr Rechte erhalten?

Verdienen Tiere mit höheren kognitiven Fähigkeiten (z.B. der Oktopus) mehr Rechte und Mitleid als kognitiv schwächere Tiere (z.B. der Koala)?

Haben Sie Sorge, dass Sie verdursten oder verhungern könnten?

Wären Sie froh, wenn der Mensch Wetter und Klima steuern könnte?

Angenommen
durch Gentechnik könnten wir
ausgestorbenes Leben zurückho-
len. Sollten wir den Neandertaler
wiederbeleben?

Ein Freund von Ihnen arbeitet in
einem Unternehmen, das
Waldflächen rodet. Würde dies
Ihre Freundschaft beeinflussen?

Angenommen man könnte ermitteln, wie viele Tiere Sie schon durch Ihre Lebensgewohnheiten getötet haben. Würden Sie diese Zahl wissen wollen?

Würden Sie Menschen,
die nur Tiere essen, welche
Sie eigenhändig getötet
haben, für konsequent halten?

Erwischen Sie sich manchmal
dabei, wie Sie bestimmte Lebe-
wesen, wie zum Beispiel Ratten,
diskriminieren?

Sollten wir domestizierten Tieren
das Recht auf geschützte
Behausungen, Gesundheitsvorsor-
ge und Schutz vor Missbrauch
ermöglichen?

Begegnen Menschen, die Tiere töten und essen, auch Menschen aggressiver?

Lassen sich Tierversuche rechtfertigen, wenn sich daraus lebensrettende Erkenntnisse ergeben?

Werden Sie sich in Zukunft so ernähren wie in der Gegenwart?

Sind Sie gewillt, Ihre Konsum- und Reisefreiheit zugunsten der Natur einzuschränken?

Stellen Sie sich vor, außerirdisches Leben näherte sich der Erde: Würden Sie sich fürchten oder freuen?

Sollten wir den Außerirdischen friedlich begegnen und hoffen, dass sie es auch tun oder angreifen bevor sie es tun könnten?

Könnten Sie sich vorstellen auf einem anderen Planeten zu wohnen?

Haben Sie mehr Angst vor dem Weltuntergang oder vor einem persönlichen Schicksalsschlag?

Techno logie

Können Sie sich vorstellen, dass ein zuverlässiger Roboter Ihres Vertrauens einmal Ihre wichtigste „Bezugsperson" sein könnte?

Sind Sie irritiert, wenn ein Mensch die Ansicht vertritt, dass der Homo Sapiens ausgedient hat und von Robotern ersetzt werden wird?

Fühlen Sie sich in der Anwesenheit eines Roboters überlegen oder unterlegen?

Halten Sie es für möglich, dass es einmal ein technisches Verfahren geben könnte, welches Ihr gesamtes Wesen und Bewusstsein kopieren kann?

Gibt es etwas an Ihnen, das niemals kopiert werden kann?

Sind Sie bereit sich einen Computerchip einsetzen zu lassen?

Nehmen wir an, man könnte Ihren Geist in all seiner Komplexität auf einen Chip reduzieren und somit Ihre Gedanken über den Tod hinaus am Leben halten. Nimmt Ihnen dieser Umstand die Angst vor dem Tod oder erhöht er Sie?

Haben Sie Angst vor künstlicher Intelligenz?

Würden Sie lieber mit einem Menschen oder einer Maschine in Konkurrenz treten?

Würden Sie sich einen erbsengroßen digitalen Krankheitserkenner einpflanzen lassen, der Sie lebenslang vor Krankheiten warnt und ihre Lebensspanne deutlich erhöht, oder nehmen Sie lieber ein kürzeres Leben in Kauf und vertrauen auf Ihr Gefühl?

Gesetzt den Fall,

Sie hätten sich für ein längeres Leben mit dem erbsengroßen Krankheitserkenner entschieden, erfahren aber nun, dass Ihre Daten von Unternehmen, Regierung und Ihrem Arbeitgeber eingesehen werden können. Würden Sie dies akzeptieren oder wünschten Sie sich wieder ein kürzeres Leben ohne Krankheitserkenner?

Angenommen Ihr Krankheitserkenner findet eine Veranlagung für eine schwere Krankheit und Ihr Arbeitgeber würde Ihnen deshalb kündigen. Wem würden Sie die Schuld für Ihren Arbeitsplatzverlust geben?

a. Ihrem Arbeitgeber

b. Ihrem Krankheitserkenner

c. Ihrer Krankheit

Wie viel von Ihrem Wissen bliebe übrig, wenn man all das Wissen abziehen würde, auf welches man auch digital zugreifen könnte?

Hat Kunst, die von einem kreativen Roboter geschaffen wurde, den gleichen Stellenwert wie von Menschen geschaffene Kunst?

Angenommen eines Ihrer
Elternteile würde erkranken.
Wären Sie einem Roboter,
welcher Sie pflegt,
mit Dankbarkeit
verbunden?

Nehmen wir an, der Roboter hätte
Ihre Eltern so gut gepflegt, dass
Sie wieder gesund würden. Hätten
Sie das Gefühl, Sie stünden in der
Schuld des Roboters?

Glauben Sie, ein Roboter kann Sie sexuell zufriedener stellen als ein Mensch?

Sollte es Besitzern von intelligenten Robotern verboten werden, diese zu misshandeln?

Erscheinen Ihnen Menschen, die moderne Technologien aus Sorge vor Überwachung ablehnen, skurril?

Für wie viel Geld würden Sie einen Monat auf Ihr Smartphone verzichten?

Eine Freundin von Ihnen ändert durch eine Genmanipulation ihre Augenfarbe. Werden Sie dieser Freundin nun anders begegnen?

Angenommen Sie liessen sich einen Computerchip implantieren, der Ihre Gedanken in digitale Daten umwandeln kann. Hätten Sie das Gefühl, Ihre Gedanken wären weniger wert?

Sie stranden auf einer einsamen Insel.
Würden Sie sich weniger einsam fühlen, wenn Sie Zugang zum Internet hätten?

Wären Sie neidisch auf einen Menschen, der mit Hilfe neuer Technologien 200 Jahre alt würde?

Gefällt Ihnen die Vorstellung zu verreisen, ohne das irgendein Mensch oder eine Maschine weiß, wo Sie gerade sind, oder macht sie Ihnen eher Angst?

Würden Sie sich im Laufe Ihres Lebens klonen lassen, um sich bei Bedarf im Alter mit jüngeren Organen versorgen zu können?

Stellen Sie sich vor, Sie suchten in einer fremden Stadt ein Taxi. Dabei hätten Sie die Wahl zwischen einem Taxifahrer, der für einen höheren Fahrpreis einen Umweg nehmen könnte, und einem selbstfahrenden Auto, das Sie auf direktem Weg zum Ziel bringt. Für welches Taxi entscheiden Sie sich?

Gesetzt den Fall, Sie müssten vor Betreten des selbstfahrenden Taxis persönliche Daten preisgeben und Ihre gesamte Fahrt würde ‚getrackt' werden: Würden diese Umstände Ihre Wahl beeinflussen?

In einem Gerichtsprozess erhält der vermeintliche Täter einen Anwalt basierend auf künstlicher Intelligenz. Das Opfer erhält einen menschlichen Anwalt. Finden Sie, dass eine der Parteien ungerecht behandelt wird?

Glauben Sie, es könnte einmal ein elektronisches Programm geben, das Sie bei einer emotionalen Verstimmung besser behandeln könnte als ein Mensch?

Glauben Sie, dass Technologien Armut senken oder befeuern?

Wer darf keinen Zugang zu Ihren Gedanken haben?

Arbeit

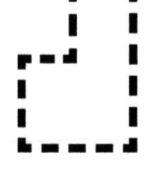

Hätten Sie ein Problem damit, Ihr Arbeitsleben in eine virtuelle Realität zu verlagern?

Betrachten Sie Ihre Arbeitszeit als verlorene Zeit?

Angenommen Sie
könnten der reichste
Mensch der Welt sein, unter der
Bedingung, dass Sie Ihr Grundstück
nie wieder verlassen dürften.
Würden Sie das Angebot
annehmen?

Verübeln Sie es einem
Unternehmen, wenn es Ihr
Kaufverhalten und Ihre Interessen
kennt, oder freuen Sie sich vielmehr,
dass sich das Unternehmen
an Sie anpassen möchte?

Was darf ein Unternehmen nicht über Sie wissen?

Glauben Sie, dass es Unternehmen gibt, die Dinge über Sie wissen, die Ihnen selbst nicht bewusst sind?

Wie erklären Sie sich, dass Reiche nicht grundsätzlich glücklicher sind als Normalverdiener?

Gibt es etwas an Ihnen, was sie besser können als jeder andere Mensch auf der Erde?

Werden sie unruhig, wenn gewisse Produkte oder Dienstleistungen nicht verfügbar sind?

Ein Freund von Ihnen arbeitet in einem Unternehmen, das Kriegsgüter produziert. Würde dies Ihre Freundschaft beeinflussen?

Sind Sie davon überzeugt, dass Sie für kein Geld der Welt einen Menschen umbringen würden?

Ist Ihre berufliche Tätigkeit sinnentleert?

Eine Freundin erhält das gleiche Gehalt wie Sie, erledigt aber im Gegensatz zu Ihnen ihren Job digital von zu Hause. Empfänden Sie Neid?

Sind Sie überzeugt davon, dass Sie für Ihren Job besser geeignet sind als eine künstliche Intelligenz?

Haben Sie mehr Angst davor, dass ein Mensch oder ein Computer Ihnen Ihren Job streitig machen könnte?

Meinen Sie der Arbeitsmarkt unterschätzt Sie?

In Ihrem digitalen Stundenplan steht, dass Sie um 8 Uhr zur Arbeit erscheinen müssen. Eine gleichrangige Arbeitskollegin sagt Ihnen, die Arbeit beginne um 9 Uhr. Um wie viel Uhr erscheinen Sie am nächsten Tag zur Arbeit?

Denken Sie, ein Arbeitsplatz wird eines Tages ein Privileg sein?

Eine Freundin von Ihnen arbeitet in einem Unternehmen, das sich auch Kinderarbeit bedient. Würde dies ihre Freundschaft beeinflussen?

Wären Sie glücklicher, wenn Ihnen mehr Aufgaben abgenommen würden?

Haben Sie Angst davor, dass Ihnen ein Tier Ihren Job streitig machen könnte?

Hätten Sie ab morgen lieber zwei Ihrer Wochengehälter oder zwei Wochen Urlaub?

Gesellschaft

Halten Sie sich für einen toleranten Menschen?

Wie weit reicht Ihre Toleranz für intolerante Menschen?

Stellen Sie sich vor, Sie bekämen ein Kind und man sagte Ihnen, dass seine Intelligenz, Aussehen und Sozialverhalten etwas unterdurchschnittlich sein würden, man dies jedoch durch einen winzigen Eingriff ändern könnte. Würden Sie einen solchen Eingriff für Ihr Kind wünschen?

Angenommen Sie entschieden sich gegen den Eingriff, da Sie nicht in die Natur und das Schicksal eingreifen möchten. Wie würden Sie reagieren, wenn die Gesellschaft einen solchen Eingriff fordern würde, um im vermeintlichen Interesse Ihres Kindes sein Recht auf Chancengleichheit durchzusetzen?

Halten Sie sich für einen eigenständigen Denker?

Welcher Ihrer Gedanken weist die höchste Eigenständigkeit auf?

Würden Sie lieber zehn Jahre alleine in Freiheit leben oder zehn Jahre ohne jede Privatsphäre?

Ist Freiheitsentzug ein geeignetes Strafmittel?

Kann eine künstliche Intelligenz gerechtere Gerichtsurteile fällen als ein Mensch?

Möchten Sie lieber als erfolgreicher oder gerechter Mensch wahrgenommen werden?

67

Ein Freund empfiehlt Ihnen ein Restaurant, doch selbiges Restaurant hat im Internet von etlichen Menschen eine miserable Bewertung erhalten. Würden Sie das Restaurant besuchen oder nicht?

Suchen Sie den Kontakt eher zu intelligenteren oder weniger intelligenten Menschen?

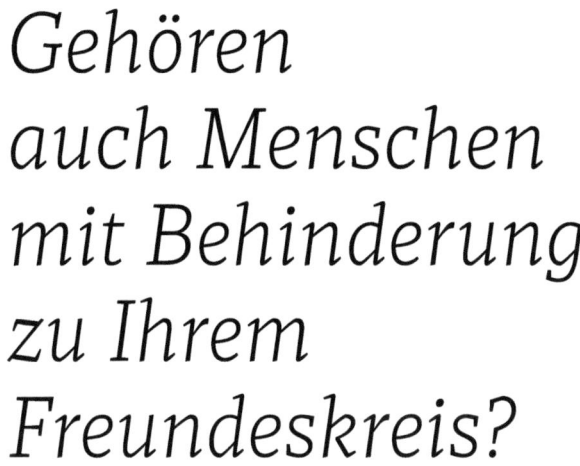

Gehören auch Menschen mit Behinderung zu Ihrem Freundeskreis?

Rührt es Sie, wenn ein Mensch einem obdachlosen Menschen Geld gibt?

Besitzen Sie Eigentum, das Sie niemals teilen würden?

Sind Sie lieber wach oder schlafen Sie lieber?

Nehmen wir an, die Mehrheit der politischen Autoritäten dieser Welt erklärte das Töten von Menschen für ethisch grundsätzlich vertretbar. Würde auch die Mehrheit der Menschen sich irgendwann dieser Moralvorstellung anschließen?

Fühlen Sie sich mehr als Produzent oder Konsument?

Halten Sie einen Menschen für oberflächlich, der sein Aussehen optimiert?

Halten Sie einen
Menschen für tiefgründig,
der seine Bildung optimiert?

Verfügen Sie über Ansichten, die der Menschheit nachhaltig helfen könnten?

Zwei Menschen fahren in ein Kriegsgebiet. Der eine möchte die Verwundeten versorgen, die andere, notfalls mit ihrem eigenen Leben, den Krieg beenden.
Wer verhält sich heldenhafter?

Stimmt Sie der Gedanke an ein mögliches Ende der Menschheit traurig?

Fühlen Sie sich in
der Gemeinschaft mit fremden Leu-
ten eher intelligenter oder
weniger intelligent?

Haben Sie das Gefühl, Ihr Umfeld
hat in politischen und moralischen
Fragen ähnliche Ansichten
wie Sie?

Wünschen Sie sich bei Ihrer Beerdigung tief trauernde Angehörige, oder feiernde Angehörige, die Sie im Laufe der Feier vergessen?

Haben Sie sich schon einmal für eine Ihrer Meinungen geschämt?

Geben Sie eher sich selbst oder anderen die Schuld?

Haben Sie schon einmal eine Meinung aufgegeben, weil Sie Angst vor den Konsequenzen hatten?

Haben Sie schon einmal für eine Ihrer Meinungen Nachteile in Kauf genommen?

Hat sich schon einmal jemand von Ihnen abgewendet, weil er eine Ihrer Meinungen nicht geteilt hat?

Können Sie konträre Meinungen wertschätzen oder nur ertragen?

Über welchen Teil Ihres Lebens haben Sie die volle Kontrolle?

Haben Sie sich schon einmal von einem Freund abgewendet, weil Sie seine Meinung nicht akzeptieren konnten?

Wer darf Informationen zensieren?

Was müsste der
Mensch, den Sie am
meisten lieben, tun, damit Sie den
Kontakt zu ihm abbrechen
würden?

Haben Sie sich schon einmal für ein
Familienmitglied geschämt,
weil dieses sich ungeschickt
verhalten hat?

Ist Fremdscham heutzutage stärker oder weniger stark ausgeprägt als vor 100 Jahren?

Stärken soziale Netzwerke die Meinungsfreiheit?

Erfreut es Sie,
wenn ein Mensch Ihnen
etwas beibringen möchte,
oder erforschen Sie die Dinge
lieber selbst?

Hätten Sie den Mut, einen Wissenschaftler auf seinem Fachgebiet anzuzweifeln?

Gibt es materielle Dinge, die Sie mehr lieben als manche Menschen?

Stehen Sie lieber mit Ihrer äusseren Erscheinung in der Öffentlichkeit oder mit Ihren Gedanken?

Würde die Entdeckung
außerirdischen Lebens
dazu führen, dass es weniger
Rassismus auf der Erde gibt?

*Streiten Sie zu
selten oder
zu oft?*

Hat eine Machtposition Sie schon einmal dazu verleitet, andere Menschen zu Ihrem Vorteil auszunutzen?

Warum kaufen Sie Dinge, welche Ihnen nicht zur Selbsterhaltung dienen?

Kultur

Sagt man Ihrer Nationalität Klischees nach, die Sie nicht bedienen?

Gibt es einen Fortschritt in der Geschichte oder wiederholt sie sich nur immer wieder?

Haben die herkömmlichen Religionen ausgedient?

Was hat am Ende für Sie einen höheren Stellenwert: Freiheit oder Sicherheit?

Wird die Welt in zehn Jahren freier sein?

Wird die Welt in zehn Jahren sicherer sein?

Tut Ihnen Stille gut?

Sollte es nur eine Sprache auf der
Welt geben?

Was geht mit dem Aussterben von Sprachen verloren?

Was war in der Vergangenheit besser als in der Gegenwart?

Sie dürften rückwirkend eins in Ihrem Leben anders machen: was wäre das?

Was lässt sich wissenschaftlich nicht ergründen?

Wünschen Sie sich,
dass es in Ihrem Land
keine Kriminalität mehr gibt?

Angenommen der Staat könnte
dies durch strengere Überwa-
chung seiner Bürgerinnen und
Bürger erzwingen. Halten Sie
Überwachung für ein geringeres
Übel als Kriminalität?

Haben Sie mehr oder weniger Vertrauen in Politiker, die keiner Partei angehören?

Sind Sie am Puls der Zeit?

Sie begegnen einem Menschen, der in seinem Leben noch nie ein Smartphone gesehen hat: würden Sie ihm diese Errungenschaft mit Stolz oder leichter Scham erklären?

Wenn dieser Mensch nun auch unbedingt ein Smartphone besitzen möchte: würden Sie ihn in seiner Entscheidung unterstützen oder ihm davon abraten?

Fühlen Sie sich vom Fortschritt abgehängt oder geht Ihnen der Fortschritt zu langsam?

Glauben Sie, in Zukunft glücklicher zu sein?

Was hat am Ende größere Relevanz: Materialismus oder Spiritualität?

Wann hätten Sie das Gefühl in einer Diktatur zu leben?

Wenn Sie Ungerechtigkeit erfahren würden, hielten Sie es für sinnvoller Ihren Unmut auf der Straße oder im Internet kundzutun?

Hat Sie der Staat schon einmal beschützt oder sogar Ihr Leben gerettet?

Sind Sie vernünftiger als vor zehn Jahren?

Gibt es Unternehmen, denen Sie mehr vertrauen als Ihrer Regierung?

Fühlen Sie sich politisch ohnmächtig?

Wären Sie lieber zu einem anderen Zeitpunkt geboren? Wenn ja, empfinden sie Dankbarkeit?

Erwarten Sie in Krisensituationen schnelle Entscheidungen, auch auf die Gefahr hin, dass diese sich einmal als unglücklich erweisen könnten oder bevorzugen Sie eine aufgeschobene, aber fundierte?

Sollte es keine Berufspolitiker mehr geben?

Für was würden Sie in den Krieg ziehen?

a. Für die Verteidigung Ihrer Heimat

b. Für die Verteidigung Ihrer Freiheit

c. Für die Verteidigung Ihrer Kultur

d. Für die Verteidigung Ihres Staates

Wird es Ihrer Meinung nach jemals Chancengleichheit geben?

Gibt es Ihrer Meinung nach mehr Chancengleichheit als vor zehn Jahren?

Sollte das Ziel von Politik darin liegen, das größtmögliche Wohl für alle zu schaffen?

Ist Gewinnen für Sie ausschließlich positiv?

Kann Radikalismus „gut" sein?

Wünschen Sie sich mehr Führung von der Politik?

Haben Sie mehr Wissen gespeichert als ein Steinzeitmensch?

Möchten Sie durch Zensur vor falschen Informationen geschützt werden?

Schenken Sie
Zukunftsprognosen eher glauben,
wenn Sie sich positiv oder negativ
auf Sie auswirken?

Hätten Sie gerne mehr Macht?

Möchten Sie vom Staat mehr in Ruhe gelassen werden?

Welche Rolle spielt ein Gott in Ihrem Leben?

Werden technophobe
Menschen den Anschluss an
unsere Gesellschaft und
Wirtschaft verlieren?

*Glauben Sie, dass
es nur eine
Realität gibt?*

Haben Sie Sorge Freunde zu verlieren, wenn Sie in Zukunft auf soziale Medien verzichten würden?

Würden Sie für ewige Berühmtheit als erster Mensch auf den Mars umsiedeln?

Glauben Sie, dass Ihre Kompetenzen in Zukunft an Bedeutung gewinnen oder verlieren werden?

Welche neuen Möglichkeiten bietet Ihnen die Zukunft?

Gibt
es
überhaupt
ein
Ende?